I0000649

ÉTUDES LÉGISLATIVES ET JUDICIAIRES
SUR L'ALGÉRIE

XIX

QUELQUES NOTES
D'UN
MAGISTRAT FRANÇAIS
Sur le Traitement
DE LA MAGISTRATURE ALGÉRIENNE
PAR
UN MAGISTRAT ALGÉRIEN

Fayes ce que peulx, ains fayes li comme debs !
(UNG VIELX TROBEYRE.)

SÉTIF

IMPRIMERIE ET LIBRAIRIE DE VEUVE VINCENT

—

1862

F

ÉTUDES LÉGISLATIVES ET JUDICIAIRES

SUR L'ALGÉRIE

XIX

QUELQUES NOTES

D'UN

MAGISTRAT FRANÇAIS

Sur le Traitement

DE LA MAGISTRATURE ALGÉRIENNE

PAR

C. FRÉGIER

Président du Tribunal de 1re instance de Sétif

SÉTIF

IMPRIMERIE ET LIBRAIRIE DE VEUVE VINCENT

—

1862

Un de nos amis, magistrat en France, vint, il y a un an à peine, à Alger, pour y rétablir une santé compromise par de longues études et d'importants travaux.

Dès qu'il sentit renaître ses forces, il visita successivement Oran, Constantine et les divers sièges judiciaires de chacune de nos trois provinces.

Doué d'un esprit éminemment observateur, et se tenant sans cesse à l'affût des matériaux d'une série d'articles sur la magistrature française comparée à la magistrature algérienne, qu'il destinait alors à la *Revue critique de législation*, il s'attacha, entr'autres choses, au fur et à mesure de ses pérégrinations, à recueillir maintes *observations* sur le Traitement, l'Avancement et la Mission de cette dernière.

De ces observations, il a bien voulu nous en communiquer quelques-unes, telles qu'il les a écrites, sans ordre, pied à l'étrier et bride en main, à l'état de *notes* détachées, et nous autoriser à les publier.

Nous publions aujourd'hui celles relatives au traitement de notre magistrature, et nous espérons publier prochainement les autres.

Sauf l'Introduction qu'on va lire, tout appartient à notre ami : nous ne sommes, pour ainsi dire, que son fidèle secrétaire et son éditeur..... responsable.

Sétif, le 1er décembre 1862.

C. FRÉGIER.

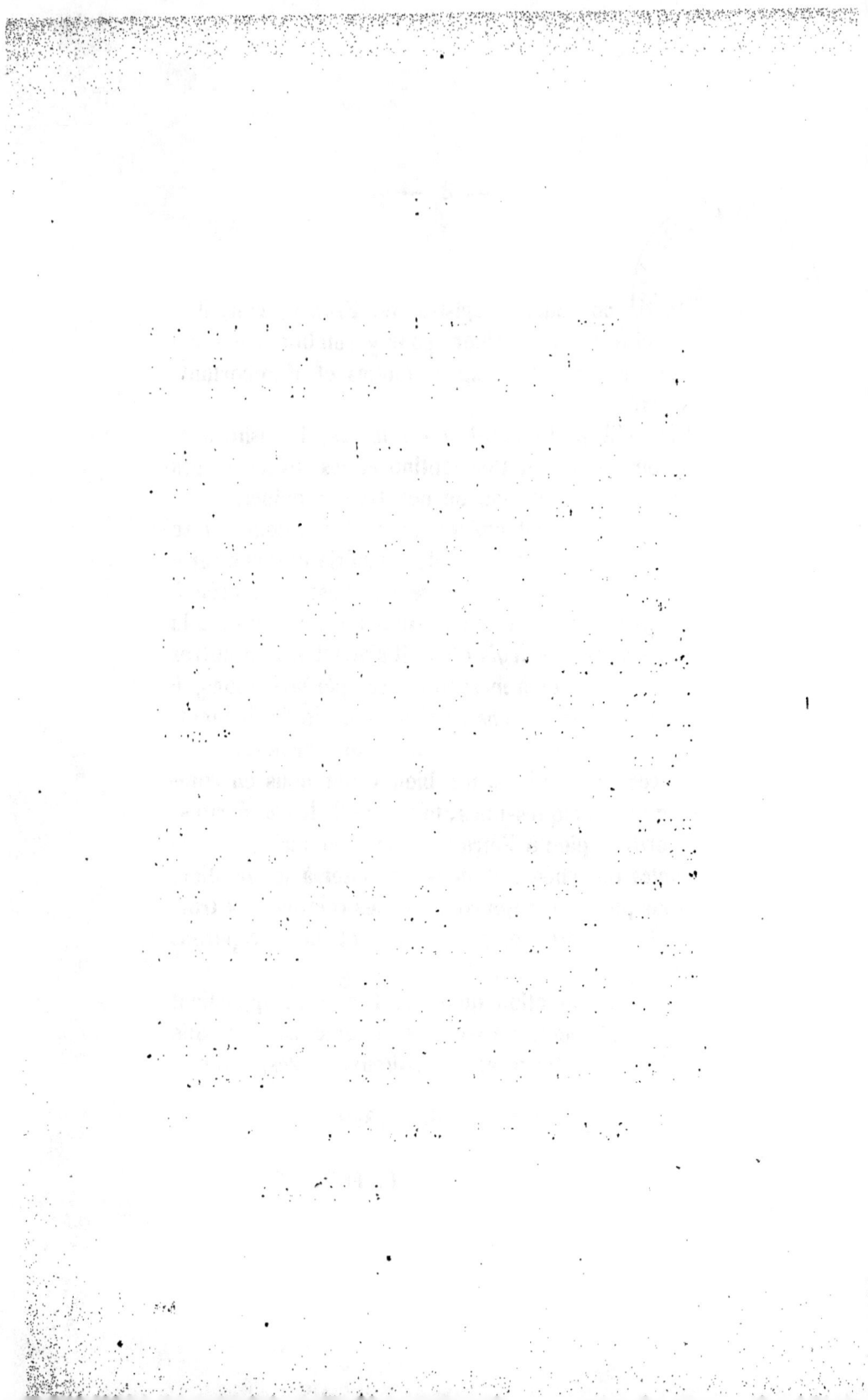

INTRODUCTION

La justice veut que tous ceux qui consacrent à l'État leur intelligence et leur temps puissent vivre honorablement.

DALLOZ. *Réper. gén.* V° Traitement.

Dès le lendemain de la Conquête d'Alger, la France comprit que dans un pays à demi-barbare, où le flambeau de la civilisation européenne commençait à peine à éclairer de ses premiers rayons les débris d'une civilisation antique, mêlée à des mœurs et à des coûtumes africaines, il fallait, avant tout, grâce à l'appât d'un avenir plus avantageux que dans la métropole, attirer sur le sol de l'ancienne *Régence d'Alger*, les hommes appelés à fonder, de ce côté-ci de la Méditerrannée, par l'exercice des fonctions publiques, une colonie, image de la patrie absente.

La Magistrature, de même que l'Administration, s'y recruta donc, en grande partie du moins, parmi ceux de nos concitoyens qui, sur cette terre algérienne, alors si peu connue de l'Europe et de la France elle-même, espérèrent trouver, en même temps qu'un vaste et nouveau champ d'activité intellectuelle, des avantages pécuniaires qu'ils eussent vainement demandés à la mère-patrie. C'est qu'alors surtout, quitter la France pour l'Algérie, ou, plus exactement, pour Alger, c'était, pour un fonctionnaire de n'importe quel ordre, se condamner à une sorte d'exil que la métropole ne pouvait acheter trop cher.

Aussi, de nombreux documents en font foi, le traitement de tous les fonctionnaires et employés de l'Etat était-il à Alger beaucoup plus élevé qu'en France.

Et nul n'y trouvait à redire. Il paraissait si naturel de racheter de cette façon les sacrifices de toute espèce que devait imposer, et qu'imposait en effet, un séjour plus ou moins prolongé en Algérie!

Et pourtant, pour ne parler ici que de la magistrature judiciaire, lorsqu'en 1833 la Commission d'Afrique se rendit dans la capitale des *Possessions françaises du nord de l'Afrique*, pour y examiner l'état actuel des choses, et pourvoir aux besoins de l'avenir d'une colonie naissante, — quoi qu'elle constatât, d'une part, qu'à bien des égards la magistrature était de beaucoup au-dessous de sa tâche, et que, d'autre part, elle était plus largement rétribuée qu'en France, elle ne put s'empêcher de proclamer, à plusieurs reprises, la nécessité de la rétribuer plus largement encore.

C'est ainsi que l'Ordonnance du 10 août 1834 sur l'organisation du service judiciaire en Algérie, qui, en ce qui concerne la Justice, ne fut que l'écho de cette commission, porte à six mille francs le traitement des juges et substituts du tribunal supérieur, tandis qu'à cette époque les conseillers de la plupart des cours royales de France, telles que celles de Pau, de Montpellier et d'Aix n'avaient guères qu'un mince traitement de trois mille francs.

Bien évidemment, cette différence, si considérable, de traitement entre les magistrats de l'Algérie et les magistrats de France, tenait à ce qu'il importait d'offrir aux premiers, un dédommagement pour ce qu'ils perdaient, une compensation avec le surcroît de dépenses nécessitées par une situation exceptionnelle et anormale, et enfin, et par dessus tout, un intérêt matériel propre à les déterminer à dire adieu, pour un temps indéterminé et peut être pour toujours, à leurs parents, à leurs amis, à leurs foyers, en un mot, à leur patrie.

Aujourd'hui même, nous nous faisons un devoir de le déclarer, entre le traitement du magistrat français et le traitement du magistrat algérien, il y a, en thèse générale, une différence assez notable à l'avantage de celui-ci, et on peut dire que là où le magistrat français a, en moyenne, un traitement de trois mille francs, le magistrat algérien en a un de près de quatre mille.

Mais, et ceci est capital, cette différence, fût-elle même de deux mille francs, ne saurait lui suffire si, aussi exactement que possible, elle ne représentait toutes les *indemnités* et toutes les *récompenses* auxquelles un magistrat d'Algérie a raisonnablement le droit de prétendre.

Nous disons *raisonnablement*, et ce n'est pas sans

raison ; car, comme nous l'avons dit dans notre *Etude sur l'Inamovibilité en Algérie*, la magistrature n'est ni spéculation, ni lucre, et pour vivre de ses fonctions, comme le prêtre de l'autel...., elle n'en est pas moins un sacerdoce.

Mais ces indemnités, ces récompenses, quelles sont-elles?

Nous laissons à notre ami le soin de répondre à cette question. Nous ne pouvons, nous, que nous associer à ses vœux pour l'augmentation du traitement de la magistrature algérienne. Il nous semble qu'à défaut de tout argument de fait (et ces arguments fourmillent), la logique réclame à grands cris pour elle une *progression* de traitement en rapport avec celle qui vient d'être accordée à la magistrature française.

Un mot maintenant sur le motif qui nous a fait reproduire ces *observations*.

— *Opus aggrediris... difficultatibus opimum*, nous a-t-on dit de toutes parts, quand on a appris que nous allions les éditer : Prenez garde ! vous voulez publier une Etude judiciaire sur une question toute d'argent : or, rien n'est difficile ni délicat pour certaines plumes, comme des questions de ce genre.

Mais qui donc mieux qu'un magistrat traiterait ces questions? Et puis, traitée comme elle le mérite, celle-ci ne peut-elle pas s'élever à la hauteur d'une question d'intérêt public?

Et remarquez que ce n'est pas nous qui disons cela : c'est le Rapporteur de la loi du 17 juillet 1860 : « L'augmentation du traitement de la magis-

trature est une question qui, de même que la justice, intéresse l'ordre social, et rien n'est naturel,
rien n'est légitime comme les préoccupations tou-
chant les modifications à apporter au traitement des
magistrats.... Il est essentiel, il est de la dignité de
l'Etat que le traitement soit la compensation conve-
nab'e des conditions actuelles de l'existence. »

Sans doute, ajoutait M. Lafond au Corps-Législa-
tif, sans doute les magistrats ne réclament pas de
gros traitements, ils aspirent avant tout à la considération publique, et leur zèle ne se mesure pas
au chiffre de leur traitement. Mais il faut que le
magistrat puisse toujours conformer sa vie au milieu
dans lequel il est placé : il est à craindre dans l'état
de nos mœurs, que l'infériorité de position (conséquence d'un traitement insuffisant) ne nuise au respect qui est dû au représentant de la Justice. Sans
doute la considération ne tient pas à l'argent; mais
il faut distinguer la considération qui tient au mérite
personnel de celle qui est attachée à la seule fonction. L'homme s'identifie avec la fonction et si une
honorable simplicité rehausse l'un et l'autre, l'abais-
sement de la personne détruit toujours le prestige
de la fonction.

Après cela, que nous parle-t-on d'une question
d'argent ? Non, ce n'est pas de cela qu'il s'agit ! Il
s'agit d'une question de dignité, d'une question de
respect, et par suite, dans un temps et en un pays
où le Pouvoir, sous toutes ses manifestations et sous
toutes ses formes, a tant besoin de l'une et de l'autre, d'une question d'autorité...

Est-il vrai que la Magistrature algérienne n'est pas, de nos jours, sous le rapport du traitement, ce qu'est, surtout depuis la loi de 1860, la Magistrature de France ?

Est-il vrai que la situation particulière, faite depuis plusieurs années aux magistrats d'Algérie, par des circonstances exceptionnelles, exige qu'à l'égard du traitement, ils soient placés sur le même pied, et même sur un pied plus élevé que les magistrats français ?

Est-il vrai, enfin, que l'infériorité du traitement des magistrats algériens leur crée une infériorité de position qui nuit ou peut nuire à leur considération et à leur dignité ?

Si oui, et nous défions tout lecteur sérieux de ces Notes d'oser répondre non, nous croyons qu'un travail qui n'a pour objet que de mettre cette triple vérité en lumière, pourrait bien ne pas être sans quelque utilité.

Au nom de l'honneur de notre magistrature, on a demandé l'Inamovibilité.

Au nom de sa dignité, nous demandons pour elle un traitement plus proportionné à ses besoins.

Notre ami, on s'en convaincra sans peine, a, tout comme nous, l'amour de la ligne droite ; comme nous, ce que d'autres pensent tout bas, il a l'habitude de le dire tout haut. Libre à ceux qui ont la passion de la ligne courbe de nous blâmer !

A nos yeux, il est quelque chose de plus flatteur pour un écrivain, que le plus brillant, le plus sincère et le plus juste des éloges, — c'est le blâme, le blâme acerbe, passionné et immérité de certaines gens.

Mais assez de *longueries d'apprest* d'éditeur, comme dirait Montaigne : il est temps de donner la parole à notre auteur.

QUELQUES NOTES

D'UN

MAGISTRAT FRANÇAIS

SUR LE TRAITEMENT

DE LA MAGISTRATURE ALGÉRIENNE

~~~~

Voici, mon ami, mes principales *Notes*. Gardez-les jusqu'à ce que ma santé, pleinement rétablie, me permette de les coordonner, de les méditer, de les développer et de les compléter. — En attendant, je vous autorise, et, qui plus est, je vous invite à les publier. Peut-être ferai-je ainsi, dès à présent, quelque chose pour cette belle Algérie, à qui je dois d'avoir retrouvé une santé que je croyais à tout jamais perdue.

Ces *Notes* n'ont rien qui ne puisse et ne doive être mis au jour. Sous une plume calme et amie du vrai, les sujets plus scabreux, et aucuns pensent que le traitement de la Magistrature algérienne en est un, se dépouillent de leurs aspérités. Et puis, il y a tant et de si diverses manières de dire et d'écrire une seule et même chose! J'ai vu et entendu, et ce qui a frappé mes yeux et mes oreilles, je l'ai noté, sans haine, sans passion, sans crainte, sans autre mobile que celui de l'utilité publique.

Vous, mon ami, en publiant ces *notes*, faites ce que j'ai fait en les recueillant. N'ayez souci du reste. On est bien fort, croyez-moi, quand on a pour soi ce témoignage d'une conscience pure et droite, qui, depuis Cicéron (1) jusqu'à Saint Paul (2) et Christophe de Thou, (3) a été, et sera toujours le plus haut prix, la plus grande force, et la plus puissante consolation de l'homme, — surtout de l'homme dévoué, quoi qu'il lui en coûte, aux combats de cette vie active, hors de laquelle il n'est pas de vertu véritablement digne d'éloges (4).

I.

Alger, 15 décembre 1861,

Convenance! non, — utilité! non, — nécessité, mais nécessité absolue que la Magistrature Algérienne soit suffisammment rétribuée! C'est du La Palisse, n'est-ce pas? — Oui, mais où n'a-t-on pas besoin de ces vérités là?

II.

Ce traitement est-il insuffisant ? Mais qu'est-ce, je vous prie, que quatre mille francs, par exemple, pour un juge de 1re instance à Alger, — dans une

(1) « Mea mehi pluris est conscentia quàm omnium sermo. »

(2) « Quis contra nos, si *Deus* pro nobis? »

(3) « Je me console en ma conscience. »

(4) Laus vertutis in actione consistit Cic. *De Offic*.

ville où, à eux seuls, les loyers le réduisent habituelle-
ment à trois mille francs environ, et où les dépenses de première nécessité, et ces dépenses dites
superflues, qui sont si nécessaires, en absorbent si
facilement la presque totalité?

Et si aux dépenses individuelles, personnelles, du
magistrat, vous joignez celles d'un père, d'une
sœur, etc. — Et s'il y a femme et enfants!...

III.

Place de Chartres.

— Combien ce poisson, bonne femme?
— Cinque soldi, care mousiou.
— C'nq sous!
— Eh! perdio, çà n'est più commi sone vinte
ogni! Alore, dos liardi, et basta! —

Voila la question du traitement des magistrats et de
tous les fonctionnaires et employés en Algérie...
résolue!

IV.

Item d'une poule, item d'un œuf, et d'autres vic-
tuailles de chaque jour. — Et c'est ainsi, un peu
plus, un peu moins, là pour ceci, ici pour cela, dans
toute l'Algérie. — En conséquence, etc. O Economie
politique! pourquoi les conclusions ne sont-elles pas
aussi certaines que celles de l'économie domesti-
que?

V.

Ce mon hôtel.

Mon hôtesse m'a confirmé que depuis 1840, partout le renchérissement des vivres a, presque toujours, marché à grands pas. — Et les loyers ?

— De même, sauf quelques légères fluctuations.

— Mais à Alger, seulement ?

— Ailleurs aussi, dans la plupart des villes de province.

— Mais le prix des vêtemens etc. a dû diminuer ?

— Peut-être ! mais qu'importe ? — Les besoins de la société n'ont-ils pas augmenté, ainsi que ces mille petits riens qui en composent le grand tout ?

Résumé : Marche ascendante de dépenses, — stationnement de revenus ou traitements. — Or, l'augmentation des traitements est la conséquence nécessaire de l'accroissement du prix des choses.

Conclusion : Réforme ! et encore Réforme !

VI.

De ma chambre.

« La hausse est générale. — Elle croit d'année en année, sans que rien puisse l'arrêter. — Ce n'est point une crise passagère... mais une révolution économique qui bouleverse une foule d'existences, et particulièrement celle des employés dont les charges augmentent, mais dont les ressources restent

invariablement les mêmes. — Leur traitement se
trouve par là avoir subi une véritable réduction de
plus du tiers (1). » Vérité au delà de la Méditerrannée.... Vérité en deçà !

VII.

Bouzareah, 18 décembre 1861.

Il y a deux ans, augmentation en France du traitement des magistrats. — Pourquoi pas en Algérie ?

Moi, dit-il, pourquoi non ?

N'ai-je pas quatre pieds aussi bien que les autres ?

En Corse, aux Colonies, le vent tourne visible-
ment à l'augmentation de certains traitements judiciaires ; depuis 1852 jusqu'à 1860, huit lois, décrets
ou règlements à cet effet. — Qu'il tourne donc enfin
à celle de *tous* les traitements des magistrats algériens !

VIII.

Chose singulière que le *statu quo* de ces traitements dans un pays essentiellement progressif ! —
Quoi de plus simple pourtant que ce raisonnement :
— A telle époque, le traitement du magistrat algérien
fondé sur le *quantùm* du traitement du magistrat
français, était de *tant*; aujourd'hui, celui-ci est augmenté de *tant* : donc, à moins que vivre à présent
en Algérie ne soit pas plus coûteux qu'alors, et

(1) DALLOZ. Loc. Cit.

3.

c'est tout le contraire, donc, celui-ci doit être de
tant?

— Qu'est-ce qu'une pareille proportion
$$2 : 3 :: 3 : 2 ?$$

IX.

J'ai eu occasion de signaler cet illogique et
anti-mathématique *statu quo* à plusieurs mem-
bres des Conseils Généraux des trois provinces.—
Tous m'ont dit comme Pandore à son brigadier :
Vous avez raison! — Fort bien, messieurs! — Mais,

Le moindre ducaton de décret
Ferait bien mieux *mon* affaire.

X.

— Oui, vient de me dire un haut fonctionnaire,
oui, la logique veut que l'augmentation du traitement de la magistrature française entraîne celle du
traitement de la magistrature algérienne:— et que de
même, ai-je ajouté, que le Corps Législatif a appelée
de ses vœux et consacré par son vote, l'augmentation de ce traitement en France, ainsi le Conseil
du Gouvernement provoque et fasse sanctionner par
un décret l'augmentation de ce traitement en Algérie.
— Assurément !
J'ai pris acte de ce mot.

A l'œuvre, on connaît l'artisan.

XI.

Ténez, 21 décembre.

Appliquer, *mutatis mutandis*, à la magistrature algérienne, sous le rapport du traitement, tout ce qui fut dit en France, lors de la discussion de la loi de 1860, de la magistrature métropolitaine — Rien ou presque rien à changer. Exemple : Pour démontrer l'insuffisance du traitement des magistrats inférieurs de France, on disait : Dans le système de réorganisation judiciaire adopté pas l'Assemblée constituante, un membre de tribunal de district (aujourd'hui de première instance) de dernière classe, recevait un traitement de 1,800 francs. Or, 1,800 francs en 1790 ne valaient-ils pas plus que 2,400 en 1860? — Dites à votre tour : Aujourd'hui comme en 1842, un juge de première instance en Algérie, ailleurs qu'à Alger, reçoit un traitement de 3,000 francs. Or, 4,000 francs en 1862 vaudraient-ils plus que 3,000 francs en 1842 ?

XII.

Je sors de chez le juge de paix : c'est un juge de paix à compétence étendue. Civilement et commercialement, il juge jusqu'à la valeur de 500 fr. en dernier ressort, et en premier ressort jusqu'à celle de 1,000 francs; — correctionnellement, de tous délits entraînant jusqu'à six mois d'emprisonnement ou 500 francs d'amende. — En toutes ma-

tières, il exerce les fonctions des présidents des
tribunaux civils, peut, comme eux, ordonner toutes mesures conservatoires, et seul, à un degré élevé, représente l'autorité judiciaire dans son canton.
Comparer son traitement à celui de *son* commissaire
civil, et même de *son* commissaire de police....
Est-ce convenable? est-ce digne? est-ce raisonnable?

XIII.

Je viens de lire quelques lignes sur l'inamovibilité judiciaire en Algérie. — A quoi bon démontrer
un axiome?

Eh! que ne parliez-vous plutôt du traitement d'une
magistrature amovible!

L'inamovibilité, c'est la richesse morale du magistrat. — A défaut de cette richesse morale, donnez-lui, tout au moins, le bien-être pécuniaire!

XIV.

En Algérie comme en France, inamovibilité et
traitement convenable! — L'une *et* l'autre! sinon,
l'une *ou* l'autre! sinon... toujours anomalie, défiance,
discrédit, danger!

Judiciairement et généralement parlant, ce qui est
bien à Marseille peut-il être mal à Alger?

XV.

Une magistrature amovible et suffisamment rémunérée, — cela se conçoit peu; une magistrature amovible et insuffisamment rétribuée, — cela se conçoit moins : une magistrature tout à la fois mal rémunérée et amovible, — cela ne se conçoit pas du tout.

XVI.

— Inamovibilité, augmentation de traitement ! — Autant de questions de fait. — Soit ! mais prouvez donc que le fait s'oppose au droit, ce qui est, à ce qui doit être !

XVII.

Vous avez beau dire! — Étant donné un fait, aujourd'hui ou demain, la logique s'en empare, et le *fait* devient *droit*.

XVIII.

Routine, et toujours routine! Il ne s'agit que de vouloir pour en sortir! — Qu'on décrète l'inamovibilité de la magistrature! « Cela devait être! » s'écriera-t-on de toutes parts. — Augmentez son traitement — « Que ne l'augmentait-on plutôt! »

XIX.

Mostaganem, 22 décembre 1861.

Encore une vérité lapalissienne! Le traitement doit être proportionné au travail. — Mais qui travaille le plus, du magistrat algérien ou du magistrat français? compter le nombre, apprécier la nature, peser la difficulté des affaires : Différence, différence considérable au profit du magistrat algérien.

XX.

J'ai entendu ce matin l'appel général des causes
du Tribunal de cette ville, un des moins occupés,
m'a-t-on dit, des tribunaux de l'Algérie — Quel
salmigondis ! Pas mal d'affaires entre Français et
entre Etrangers, plusieurs entre français et étrangers, quelques unes entre français ou étrangers et
israélites, — trois entre israélites, deux entre israélites et musulmans, une entre-musulmans ! En de-
hors du travail, avant et pendant, quel travail après
l'audience ! O mes collègues, où trouvez-vous le
temps d'étudier et le Droit français et le Droit étran-
ger et le Droit international et le Droit israélite et le
Droit musulman, et ce Droit israélitico-musulman
que vos ordonnances nomment loi du pays? Il vous
faut pourtant le trouver ce temps, et l'employer
sous peine de déni de justice et d'ignorance de la loi!

Eheu! quantus *viris* sudor !

XXI.

Quand votre traitement a été fixé, pour vous
plus de travail que pour vos collègues de France.
Depuis que le leur a été augmenté, pour vous plus
de travail encore. Alors, on devait dire : l'un est à
l'autre, comme trois est à deux. Qu'on m'explique
pourquoi, aujourd'hui, c'est le contraire qu'il faut
dire !

XXII.

Que le magistrat, s'écriait Cicéron (1) se souvienne
qu'il représente l'Etat ! Fort bien ! mais que l'Etat
se souvienne, à son tour, que le magistrat ne doit
jamais exciper contre lui d'un invincible *non possu-
mus* !

Vous voulez le but — rien de plus juste. Prenez
donc le moyen ! — Quoi de plus logique ?

XXIII.

Me voici à l'audience civile du Tribunal. Questions très compliquées, et, pour les résoudre, législation plus compliquée encore. Décidément, plus que
la France, l'Algérie a besoin de recruter ses magistrats parmi les plus laborieux, les plus instruits,
les plus expérimentés !

Mais, où les recruter ? *Quant à présent*, par la
force des choses, souvent en France, rarement en Algérie. — Jeunes ou vieux ? Si jeunes, viendront-
ils en Algérie, s'ils n'y sont *alléchés* par les avantages d'une position ou d'un traitement exceptionnels
(sauf le cas de début) ? — Si vieux, n'est-il pas
à craindre qu'ils n'y viennent, moins pour concourir
activement à l'œuvre commune, que pour s'y re-
poser et s'y éteindre dans les molles douceurs d'une
plus lucrative retraite ?

(1) Intelligere se gerere personam civitatis. De Offic. lib.
t. 34.

Trop jeunes ou trop vieux, choisissez ! Que devient, dans les deux cas, le bon sens, la logique, l'intérêt de la justice..... et des justiciables?

XXIV.

Question : Le bon recrutement de nos magistrats tient-il donc uniquement à l'augmentation de leur traitement ?

Réponse : uniquement, non, — principalement, oui, mille fois oui !

L'homme vit-il sans pain (ou l'ensemble des choses nécessaires à la vie animale),— parce qu'il ne vit pas que de pain ?

Traitement, pain matériel, considération, pain moral de la magistrature.

Qu'est le premier sans le second ? un corps sans âme. Et le second sans le premier? une âme sans corps !

Accordez les deux à vos magistrats! Ils seront ce qu'ils sont même avec un seul, honorables et honorés.

XXV.

— Mais demandez-vous donc un traitement *imité* de l'anglais? (1)

— Raisonnons, s'il vous plait, et ne plaisantons pas.

_____

(1) Le moindre traitement des magistrats de Londres est de vingt-cinq à trente mille francs.

Pour être deux figures géométriques, le cercle
et le carré sont-ils la même figure ?

Oui, je demande un traitement... comme en An-
gleterre, écartant jusqu'à l'ombre d'un soupçon de
partialité, à plus forte raison, de corruption. — Où
est le mal ?

XXVI.

— Mais, ne pourrait-on pas appliquer à la magistrature algérienne le *Fœlix Austria nube* de la
magistrature française ? A eux aussi, les riches al-
liances ne feront pas défaut.

— En France, oui, — mais en Algérie!!... — O
fatalité de l'exil! — O puissance d'un bras... de mer!

XXVII

Oran, 1862.

Alger, Ténez, Mostaganem, Oran! — Que de magistrats, mais combien de magistrats-maris !

— Eh! quoi ! comme à Filangieri, vous faut-il donc
des magistrats-époux ?

Et pourquoi pas, s'il vous plait, le traitement
aidant ?

XXVIII.

Timon le *Misaléthe* me crie : Gare au feu! (1) à
moins que vous ne soyez ou salamandre ou amiante.

Un autre : Ne touchez pas au doigt de la reine !
(il nomme ainsi la question du traitement) ; sinon, le
roi en colère touchera à votre main ! A bon enten-
deur, salut !

(1) Incedis per ignes !

4.

Un troisième : Ne vaut-il pas mieux faire envie que pitié?

XXIX.

Que ces magistrats se rassurent!

A quoi bon être ou amiante ou salamandre? Il n'y a pas de feu!

Pour la reine, qui a des gants aux mains et de la pudeur au front, peut y toucher sans crainte.

Quant à la pitié, il s'agit bien de cela! On s'apitoyra bien moins sur l'objet de ma thèse que sur la fébrile irritabilité de certains épidermes.

On saura ce qu'on sait déjà, qu'en soi, et eu égard au traitement d'outre-mer, votre traitement est illogique, disproportionné, insuffisant. Quel forfait! — Mais, est-ce que la vérité qui est en France dans un puits, mais dans un puits tout ouvert, d'où on la tire quelquefois avec gloire, serait, en Algérie, dans une tombe trois fois scellée, d'où on ne pourrait pas la tirer sans crime? Et quand sa maison brûle, Ucalégon, par un sot point d'honneur, n'oserait pas appeler ses voisins au secours!

— Ain...si do...no... m'a ânonné un quatrième.

— Eh! sans doute.... Ma plume est un soc fécondateur, et non un stylet fratricide. Adieu, frère!

Quoi que l'on fasse et que l'on *die*,
Je poursuis mon humble sillon,
En *excellente* compagnie,
Avec dame Logique et le comte Randon (1).

(1) Rapport à l'Empereur par S. *Exc.* le Maréchal Comte Randon, 2 décembre 1862, sur l'augmentation du traitement des employés du ministère de la guerre.

Mais quoi ! poète et prophète sans le savoir !

> Pâlissez, ombre de Jourdain,
> *Anch'io* ! j'ai commis un quatrain !

Et voilà que je me sens *spirite* ! Evoquons le philosophe qui jouit maintenant de la *vérité* qu'il avait si bien *recherchée* :

> O Mallebranche ! (1), esprit sublime,
> Que penses-tu de mon sillon ?
> — Qu'il n'est, à coup sûr, ni sans rime,
> Ni, ce qui mieux est, sans raison !

Do...onc..,je...co...on..ti...nu...ue!

XXX.

Le sens *commun*, est-il ainsi appelé parce qu'il ne l'est pas. — Il y eut une fois, à Oran, un magistrat venu de Blidah, qui, tout compte fait, n'y touchait que les deux tiers de l'émolument qu'il percevait à Blidah, et cela, parce qu'à Blidah, il avait cinq fois moins de besogne qu'à Oran !

Nous sommes en 1862, les choses sont-elles changées ?

XXXI

De *** 1er janvier 1862.

Ici encore un Juge de paix à compétence étendue ! Président au petit pied et juge unique, sous le coup d'une responsabilité d'autant plus lourde qu'elle est toute personnelle !

Son traitement, me disais-je, pourrait bien être celui d'un président ordinaire. — Point.

(1) Auteur de la *Recherche de la Vérité*.

Tient sans doute le milieu entre le traitement d'un simple juge et celui d'un président. — Point du tout.

Egale celui d'un simple juge. — Pas davantage.

Surpasse tout au moins celui d'un juge de paix ordinaire. — Nullement.

Qu'est-il donc? *Stupete gentes!* Ni plus ni moins que le traitement de ce juge de paix!!

Lire le décret, d'ailleurs très bien fait, du 19 août 1854 sur l'extension de la compétence des Juges de paix algériens.

O mule (1) d'Astolphe, ressucite de rage, si tu le peux! Tu as un rival.

J'allais me condouloir sur le sort de mon juge de paix et de ses *consorts;* — mais je me suis ravisé. N'est-ce donc rien que d'être juge de paix à Saint-Cloud... d'Algérie, — ou à Saint-Denis... du Sig?

XXXII.

De la Bibliothèque du Tribunal d'Oran.

« Sire, la situation *judiciaire* de l'Algérie rend chaque jour plus impérieux le besoin non seulement d'attacher à leur état des *magistrats* instruits et honorables, mais encore d'assurer pour l'avenir des choix offrant les garanties d'une capacité, d'une moralité et d'une expérience bien constatées.

« Le décret que j'ai l'honneur de présenter à V. M. a pour objet de procurer un bon recrutement à

(1) Il ne lui manquait rien... que la vie.—ARIOST *Orland. furios.*

un service, qui ne peut être ni complètement, ni exclusivement alimenté par des *hommes éprouvés* en France, et, pour cela, de décerner à tous les *magistrats* une rémunération proportionnée à l'importance et aux difficultés de leurs fonctions, dans un pays qui les expose, loin de leur famille, à plus de privations et de dépenses, à des maladies fréquentes et plus dangereuses, à un isolement plus funeste et plus décourageant »

En 1845, un ministre de la guerre tint *à peu près* ce langage au Roi des Français, en faveur du personnel des divers services administratifs, et l'ordonnance du 15 avril de la même année fut rendue !... Qu'en 1862 le Ministre de la justice le fasse entendre à l'Empereur !

Ah ! si Napoléon savait !

XXXIII.

Deux faits incontestables et incontestés : — La magistrature algérienne n'est généralement pas riche. — La magistrature française n'est généralement pas pauvre. Est-ce pour cela que le traitement de celle-ci progresse, tandis que le traitement de celle-là *stationne ?*

XXXIV.

Objection : — Augmentation de traitement, aggravation de budget. — Mais quel est donc le roi qui disait avec tant de raison : « La bonne justice ne coûte jamais cher ? »

Autre objection, très médiocrement démocratique : — Peu fortuné, pourquoi entrer dans une carrière qui suppose de la fortune ?

— Mais demandez au vent pourquoi il souffle *où il veut*, au fleuve pourquoi il coule vers la mer, à la fleur, pourquoi elle exhale son parfum ?

Il y a une vocation judiciaire, tout comme il y a une vocation religieuse : La justice a ses martyrs comme la religion :

Martyrs du strict nécessaire, luttant contre un fastueux superflu!

Martyrs d'une simplicité de Spartiate, en face d'un luxe de Sybarite!

Martyrs du dévouement, à côté des bourreaux de l'égoisme!

Que vous en semble ? Cela n'est certes ni sans mérite, ni sans prix! — *Virtus* antè *nummos!*

Et il le fallait bien! Tant de gens croiraient sans cela que le sacerdoce de la magistrature n'est qu'un vain nom !

XXXV.

De *** 3 janvier 1862.

Descendu chez un haut fonctionnaire..... de l'endroit. *Il* vit comme un Bias. *Elle* file comme une Lucrèce. Un enfant unique..., beau comme un ange, heureux comme un prince, élevé comme un plébéien!

Non, jamais Jupiter ne fut ni plus cordialement, ni plus frugalement reçu par Philémon et Baucis !

Charmé de leur sagesse, de leur simplicité et de leur bonheur : — A la fin de l'année, ai-je dit à mes hôtes, vous réalisez sans doute d'abondantes économies

— En effet, et en voici le montant :

$$1 - 1 = 0.$$

Et pourtant, ils sont heureux! — Ah! si tous les fonctionnaires l'étaient ou pouvaient l'être comme eux!

XXXVI.

Ab Jove.... Je finis par le commencement.

A Bourges, au centre de la France, premier Président et Procureur-Général — 15,000 francs chacun. — C'est bien!

A Bastia, à quelques lieues de la France, premier Président et Procureur-Général, aussi 15,000 francs chacun. — C'est moins bien!

A Alger, dans une ville séparée de la France par 180 lieues de mer, premier Président et Procureur-Général, encore 15,000 francs! — Qu'est-ce?

Ainsi, l'éloignement, l'expatriation, un ressort immense, un surcroît de travail, les difficultés sans nombre d'administration d'un pays vaste, neuf, à civiliser par la Justice et le Droit, tout cela n'est de rien pour l'augmentation du traitement judiciaire!

Par Mahomet! je ne m'attendais pas à une telle manie d'assimilation *quand même* de l'Algérie avec la France!

Voilà pour la tête. — Dites-en autant des pieds, — et de sinciput en orteil; — car les extrêmes se touchent! Et plus encore; car ils ne se confondent pas!

XXXVII.

Mais qu'importe au public algérien? — Le temps se chargera de l'accomplissement de vos vœux. —

Le temps, — force trop souvent capricieuse et inconstante ! Comptez sur lui, mais sur lui, moins encore que sur vous !

« Prie Dieu, disait un guerrier arabe à son fils, prêt à s'élancer dans la mêlée, prie Dieu, et ne mouille pas ta poudre ! »

———

Je ne sais, mon cher éditeur, mais je pressens que le pli qui contient ces notes vous arrivera un peu comme cette (1) trop fameuse boîte, — pleine de biens pour plusieurs, et peut-être de maux pour vous. Ici des Zoïles jaloux, là des Aristarques trompés. Peut-être entendrez-vous bientôt des allusions malignes, de perfides insinuations, des suppositions impossibles, des interprétations odieuses, et puis... certains silences, plus redoutables encore que certaines injures. Mais, courage ! Comme cet empereur romain, qui se croyant mortellement blessé au front, y porta tristement la main, et, ivre de joie, le montra à ses ennemis, en s'écriant : « Voyez, il n'y a pas de sang ! » dites aux vôtres : « Regardez moi !

« Vos traits ne me peuvent atteindre ! »

Et, si ce n'était pas assez pour les couvrir de confusion, vous aussi, obscur magistrat, terrassez-les par cette parole cent fois répétée, d'un magistrat illustre : « Je me console en ma conscience ! »

(1) La Boîte de Pandore.

———

SÉTIF. — Impr. de Vᵉ VINCENT.